anythink

D0538742

spot

ANIMALES DEL PATIO

EL BÚHO

por Wendy Strobel Dieker

AMICUS

pico

ojos

Busca estas palabras y estas imágenes a medida que lees.

garras

alas

¡Uh-uh! ¿Dónde está el búho?

¿Puedes verlo?

Los búhos son llamados aves de rapiña. Ellos son cazadores. Buscan animales pequeños.

ojos

Mira los ojos del búho. Los búhos cazan de noche. Sus ojos pueden ver con poca luz.

alas

Mira sus alas. Ellas se baten.
Pero no hacen ruido.
¡Ahí hay un ratón!

Mira sus garras. Son afiladas. Con ellas atrapan a la presa.

garras

¿Puedes ver el pico?
Con él hace pedazos a su
presa. ¡A cenar! Mmm.

pico

Se acabó la noche.
Los búhos duermen durante
el día. ¡Es hora de dormir!

¿Puedes ver el pico? Con él hace pedazos a su presa. ¡A cenar! Mmm.

pico

pico

ojos

Mira los ojos del búho. Los búhos cazan de noche. Sus ojos pueden ver con poca luz.

ojos

¿Hallaste estas palabras y estas imágenes?

garras

alas

Mira sus garras. Son afiladas. Con ellas atrapan a la presa.

garras

alas

Mira sus alas. Ellas se baten. Pero no hacen ruido. ¡Ahí hay un ratón!

Spot es una publicación de Amicus
P.O. Box 1329, Mankato, MN 56002
www.amicuspublishing.us

Información del Catálogo de publicaciones de la
Biblioteca del Congreso
Names: Dieker, Wendy Strobel.
Title: El búho / por Wendy Strobel Dieker.
Other titles: Owls. Spanish
Description: Mankato, Minnesota : Amicus, [2018] | Series:
Spot. Animales del patio | Audience: K to grade 3.
Identifiers: LCCN 2017005311 | ISBN 9781681512747
(library binding : alk. paper)
Subjects: LCSH: Owls–Juvenile literature.
Classification: LCC QL696.S83 D5418 2018 | DDC
598.9/7–dc23
LC record available at https://lccn.loc.gov/2017005311

Impreso en los Estados Unidos de América

10 9 8 7 6 5 4 3 2 1

Rebecca Glaser, editora
Deb Miner, diseño de la serie
Ciara Beitlich, diseño del libro
Holly Young, investigación fotográfica
Traducción de Victory Productions,
    www.victoryprd.com

EL BÚHO